# 하루하루 한자쓰기

**8급 기초 한자**

# 이 책의 특징

< 하루하루 한자쓰기 >는 한자의 의미를 이해하고
쓰는 순서와 바르게 쓰기에 중점을 둔 한자 쓰기 학습 교재입니다.
아이들의 눈높이에 맞춘 8급 한자능력검정시험을 기초로 한 한자를
귀여운 그림과 함께 쉽고 재미있게 구성하였습니다.

### 한자 따라 쓰기

### 쉽고 재미있는 활동

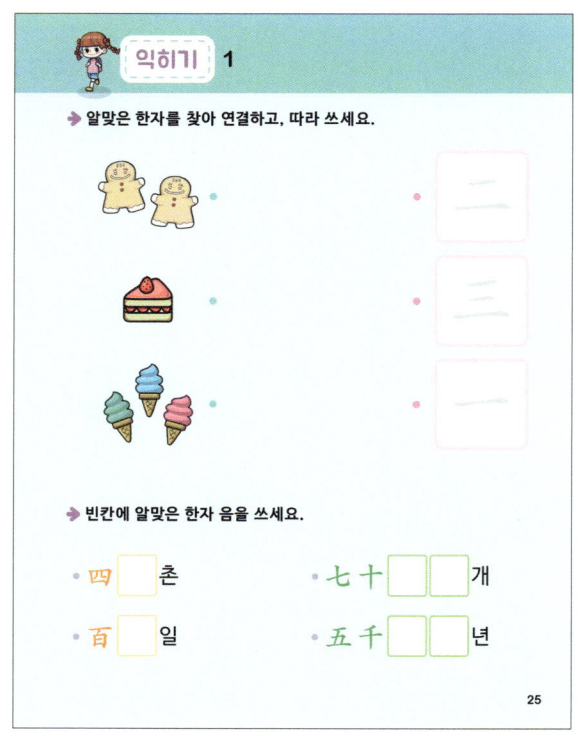

## # 한자

한자 75자의 뜻과 음(소리)을 쓰는 순서에 맞게
따라 쓰며 익힙니다. 배운 한자가 들어간 생활 속
한자어도 함께 배웁니다.

## # 익히기

앞에서 배운 한자를 선 잇고 따라 쓰기,
한자 음 쓰기를 통해 쉽고 재미있게 익힙니다.

## 차례

한자 쓰는 순서 6
선긋기 9

### 숫자

| 一 | 12 | 六 | 17 | 百 | 22 |
| 二 | 13 | 七 | 18 | 千 | 23 |
| 三 | 14 | 八 | 19 | 萬 | 24 |
| 四 | 15 | 九 | 20 | 익히기 1 | 25 |
| 五 | 16 | 十 | 21 | | |

### 자연·시간

| 日 | 28 | 金 | 33 | 天 | 38 |
| 月 | 29 | 土 | 34 | 山 | 39 |
| 火 | 30 | 年 | 35 | 川 | 40 |
| 水 | 31 | 午 | 36 | 江 | 41 |
| 木 | 32 | 夕 | 37 | 石 | 42 |
| | | | | 익히기 2 | 43 |

## 차례

### 위치·크기·색깔

| | | | | | |
|---|---|---|---|---|---|
| 上 | 46 | 東 | 52 | 小 | 58 |
| 下 | 47 | 西 | 53 | 色 | 59 |
| 左 | 48 | 南 | 54 | 白 | 60 |
| 右 | 49 | 北 | 55 | 黑 | 61 |
| 外 | 50 | 大 | 56 | 靑 | 62 |
| 內 | 51 | 中 | 57 | 익히기 3 | 63 |

### 사람·가족

| | | | | | |
|---|---|---|---|---|---|
| 人 | 66 | 心 | 72 | 兄 | 78 |
| 手 | 67 | 男 | 73 | 弟 | 79 |
| 足 | 68 | 子 | 74 | 寸 | 80 |
| 目 | 69 | 女 | 75 | 長 | 81 |
| 耳 | 70 | 父 | 76 | 少 | 82 |
| 口 | 71 | 母 | 77 | 익히기 4 | 83 |

## 학교·국가

| | | | | | |
|---|---|---|---|---|---|
| 先 | 86 | 敎 | 90 | 民 | 94 |
| 生 | 87 | 室 | 91 | 王 | 95 |
| 學 | 88 | 門 | 92 | 軍 | 96 |
| 校 | 89 | 家 | 93 | 國 | 97 |
| | | | | 韓 | 98 |
| | | | | 익히기 5 | 99 |

**찾아보기** 음 순 102

 기본 원칙

➡ 위에서 아래로

➡ 왼쪽에서 오른쪽으로

➡ 가로획을 먼저 세로획은 나중에

➡️ **좌우 대칭일 때 가운데를 먼저**

➡️ **몸을 먼저 안은 나중에**

➡️ **글자 전체를 꿰뚫는 획은 나중에**

## 한자 쓰는 순서  기본 원칙

▶ 삐침(丿)과 파임(乀)이 함께 있을 때 삐침을 먼저

▶ 점은 나중에

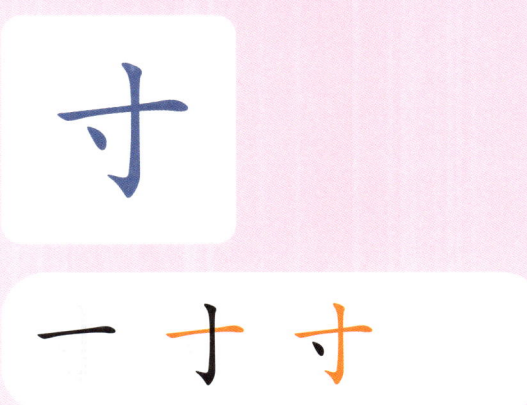

 선긋기 연습

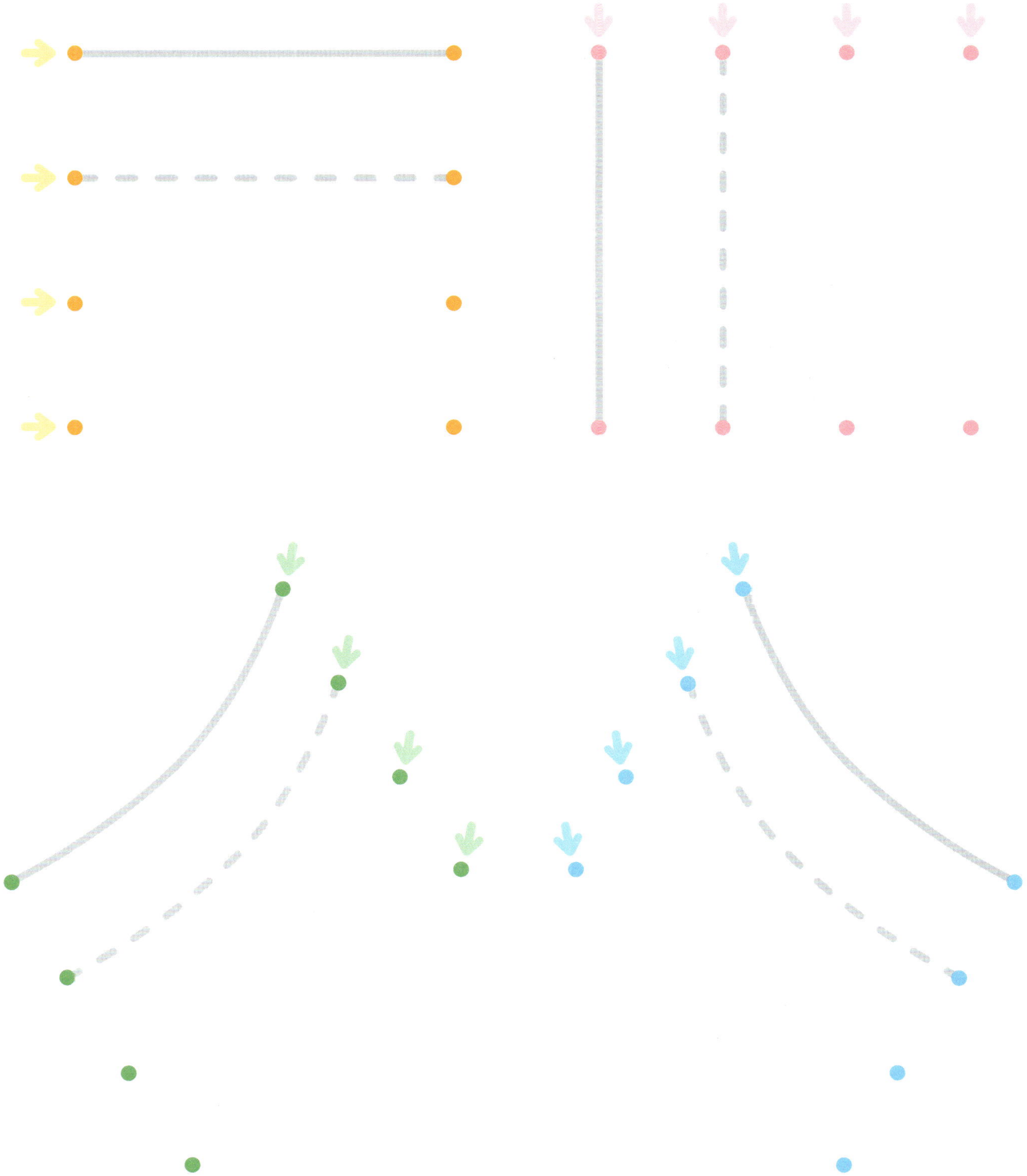

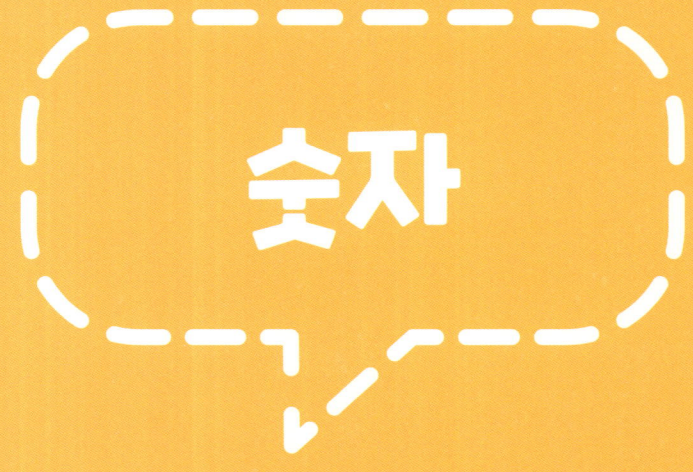

| 一 | 二 | 三 |
|---|---|---|
| 四 | 五 | 六 |
| 七 | 八 | 九 | 十 |

| 百 | 千 | 萬 |

## 한자의 뜻과 음을 말하면서 순서에 맞게 써보세요.

한 일

뜻풀이 하나, 1
총획수 1획
부수 一 1획

한 일

一生 (일생) 평생
一大 (일대) 아주 큰, 굉장한

## 한자의 뜻과 음을 말하면서 순서에 맞게 써보세요.

# 二

두 이

**뜻풀이** 둘, 2

**총획수** 2획

**부수** 二 2획

| 二 | 二 | 二 | |
|---|---|---|---|
| 두 이 | | | |

| 二 | | | | |
|---|---|---|---|---|

二月 (이월) 일 년 중 두 번째 달
二日 (이일) 2일째 날, 이틀

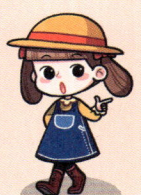

# 한자의 뜻과 음을 말하면서 순서에 맞게 써보세요.

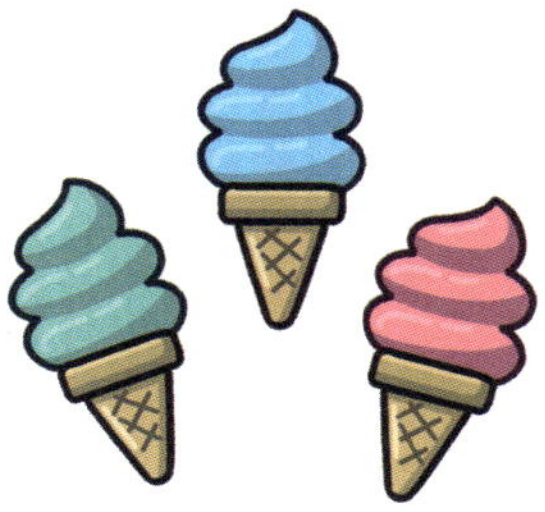

# 三

석 삼

뜻풀이 셋, 3

총획수 3획

부수 一 1획

一 二 三

| | | | |
|---|---|---|---|
| 三 | 三 | 三 | |
| 석 삼 | | | |

| | | | | |
|---|---|---|---|---|
| 三 | | | | |

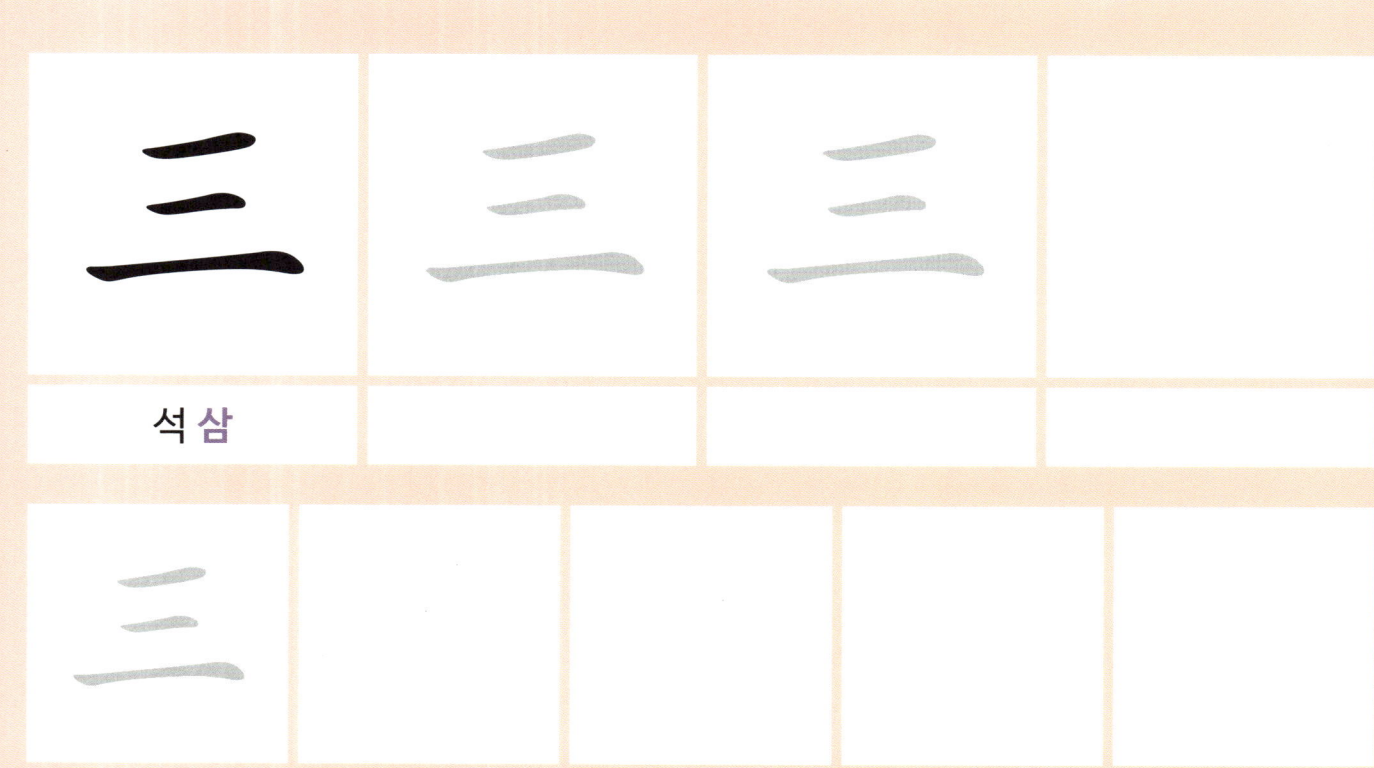

三寸(삼촌) 아버지의 형제

三國(삼국) 고대 우리나라에 있었던 고구려, 백제, 신라 세 나라

 **한자의 뜻과 음을 말하면서 순서에 맞게 써보세요.**

넉 **사**

**뜻풀이** 넷, 4

**총획수** 5획

**부수** 口 3획

丨 冂 冂 四 四

넉 **사**

四寸 (**사**촌) 아버지 친형제의 자식과의 촌수
四大門 (**사**대문) 서울에 있던 네 대문

**한자의 뜻과 음을 말하면서 순서에 맞게 써보세요.**

다섯 오

뜻풀이 다섯, 5

총획수 4획

부수 二 2획

一 丅 开 五

다섯 오

三三五五 (삼삼오오) 서너 또는 대여섯 명이 무리 지어 다니는 모양
五兄弟 (오형제) 형제가 5명

**한자의 뜻과 음을 말하면서 순서에 맞게 써보세요.**

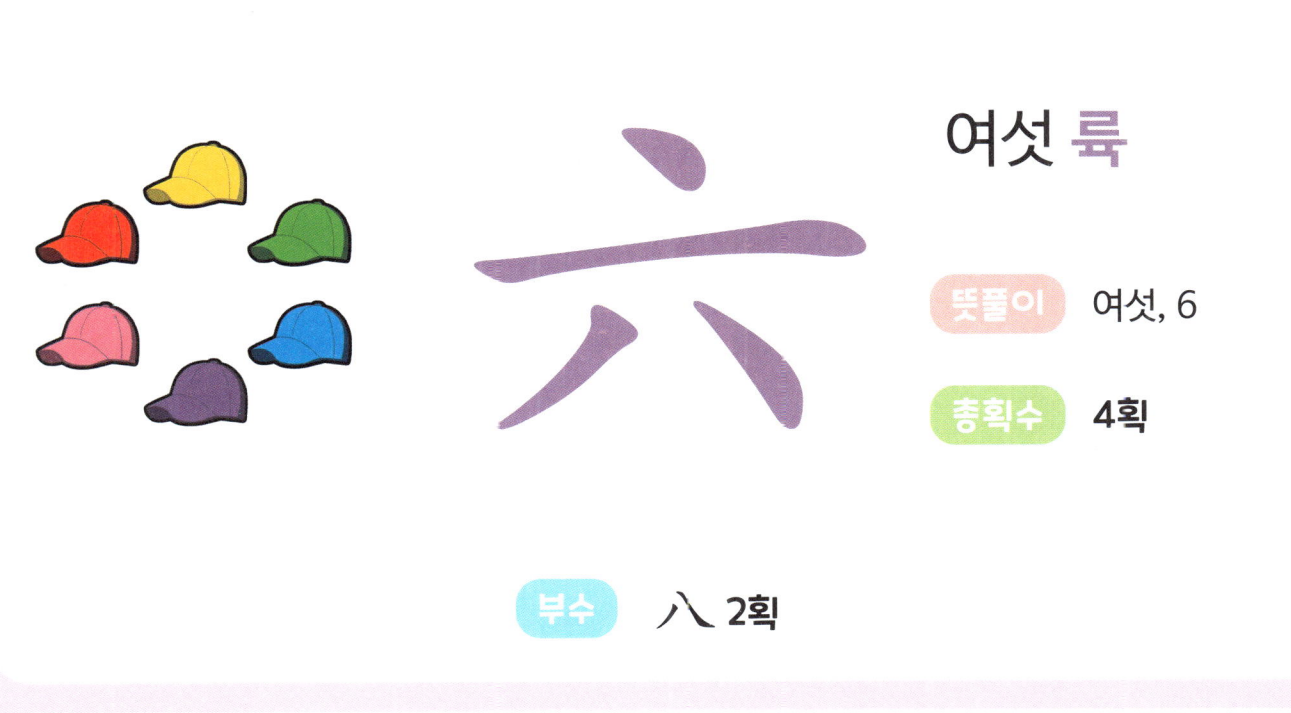

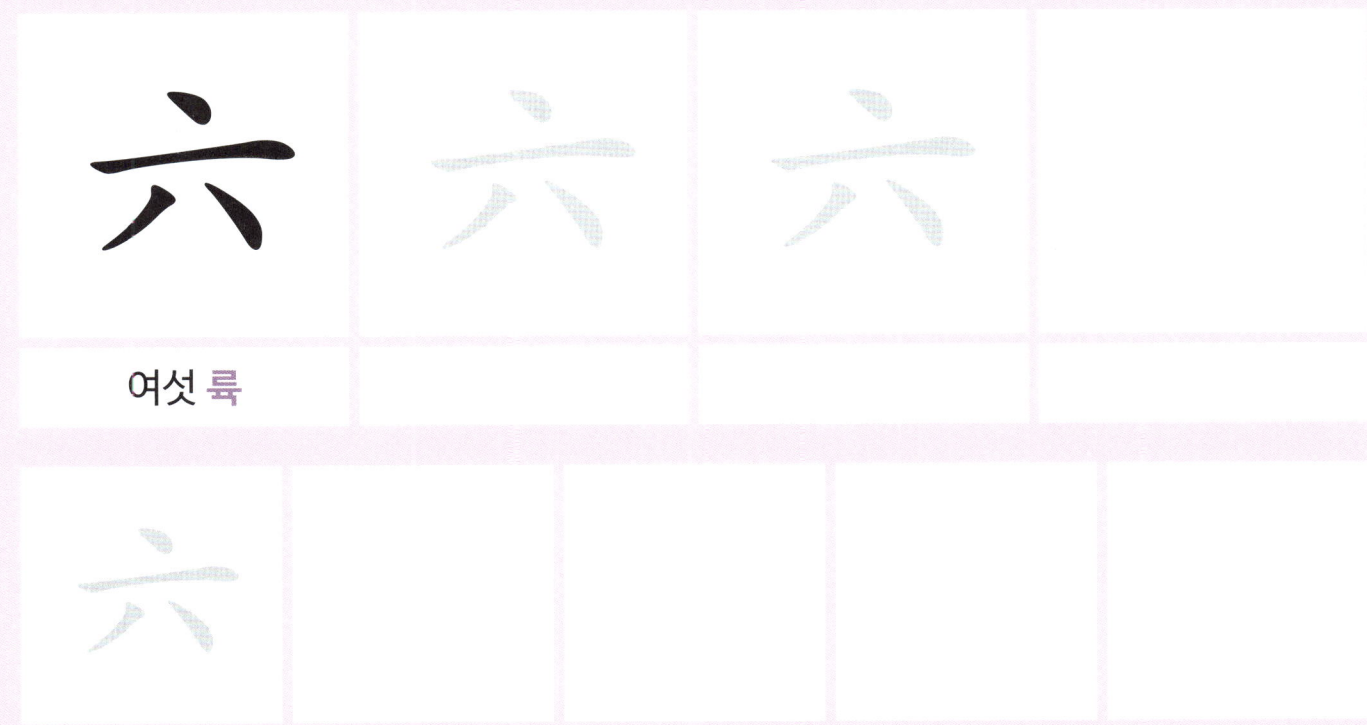

六二五 (육이오) 1950년 6월 25일, 북한 침공으로 발생한 전쟁
六學年 (육학년) 초등학교에서 가장 높은 학년

# 한자의 뜻과 음을 말하면서 순서에 맞게 써보세요.

七夕 (칠석) 견우와 직녀가 만나는 음력 7월 7일
三七日 (삼칠일) 아이가 태어난 후 스물하루 동안

**한자의 뜻과 음을 말하면서 순서에 맞게 써보세요.**

八十(팔십) 80, 여든
八一五(팔일오) 1945년 8월 15일, 우리나라가 일제로부터 주권을 되찾은 일

 **한자의 뜻과 음을 말하면서 순서에 맞게 써보세요.**

아홉 구

**뜻풀이** 아홉, 9

**총획수** 2획

**부수** 乙 1획

丿 九

九 九 九

아홉 구

九

八九月 (팔구월) 8월과 9월
十中八九 (십중팔구) 10개 중 8~9개가 맞아 거의 예외가 없다는 의미

 **한자의 뜻과 음을 말하면서 순서에 맞게 써보세요.**

열 십

뜻풀이 열, 10

총획수 2획

부수 十 2획

열 십

二十 (이십) 20, 스물
十二月 (십이월) 12월

# 한자의 뜻과 음을 말하면서 순서에 맞게 써보세요.

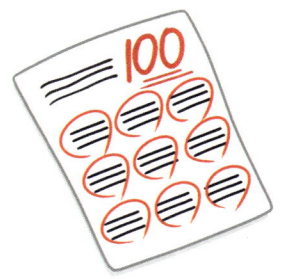

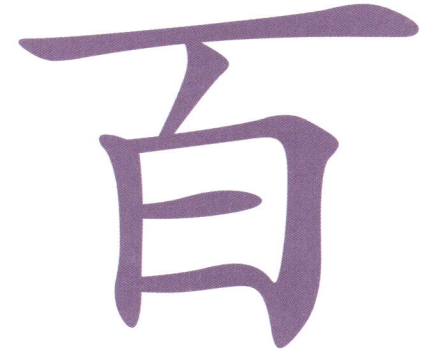

### 일백 백

- **뜻풀이** 100, 온갖
- **총획수** 6획
- **부수** 白 5획

一 丁 丆 百 百 百

일백 백

百日 (백일) 아기가 태어난 지 100일 되는 날
百年 (백년) 100년, 오랜 세월

## 한자의 뜻과 음을 말하면서 순서에 맞게 써보세요.

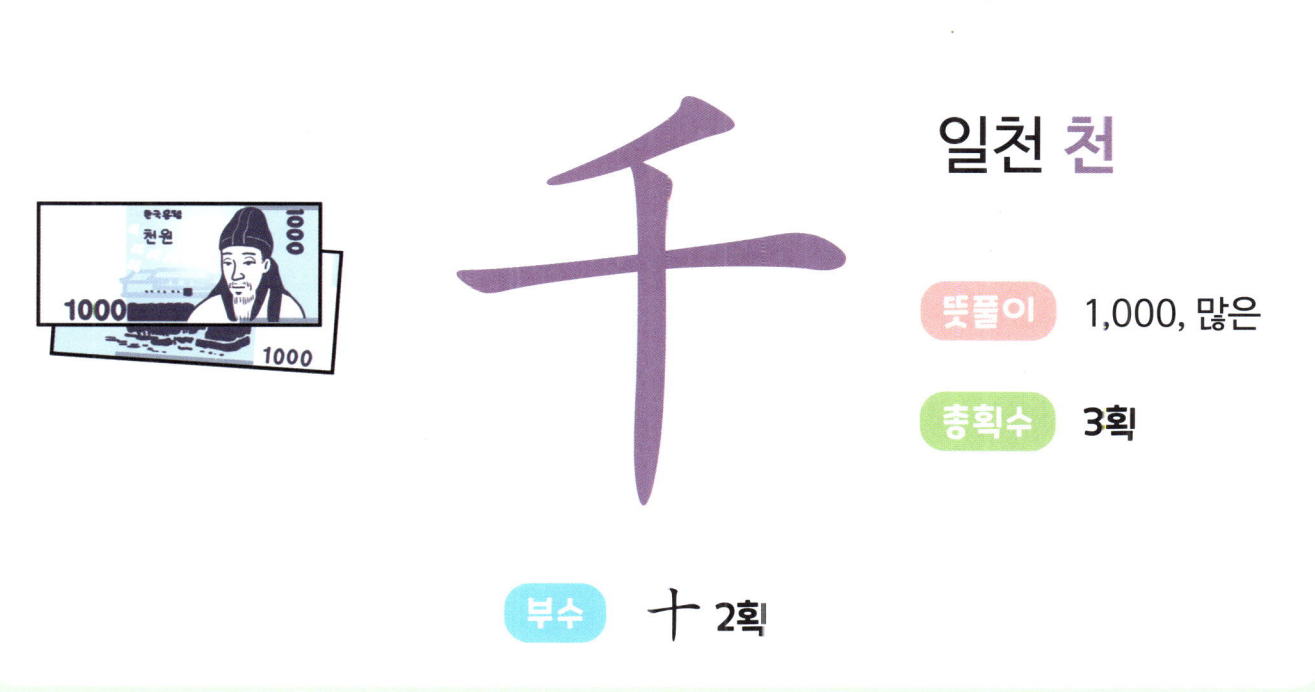

일천 **천**

**뜻풀이** 1,000, 많은

**총획수** 3획

**부수** 十 2획

丿 ᅳ 千

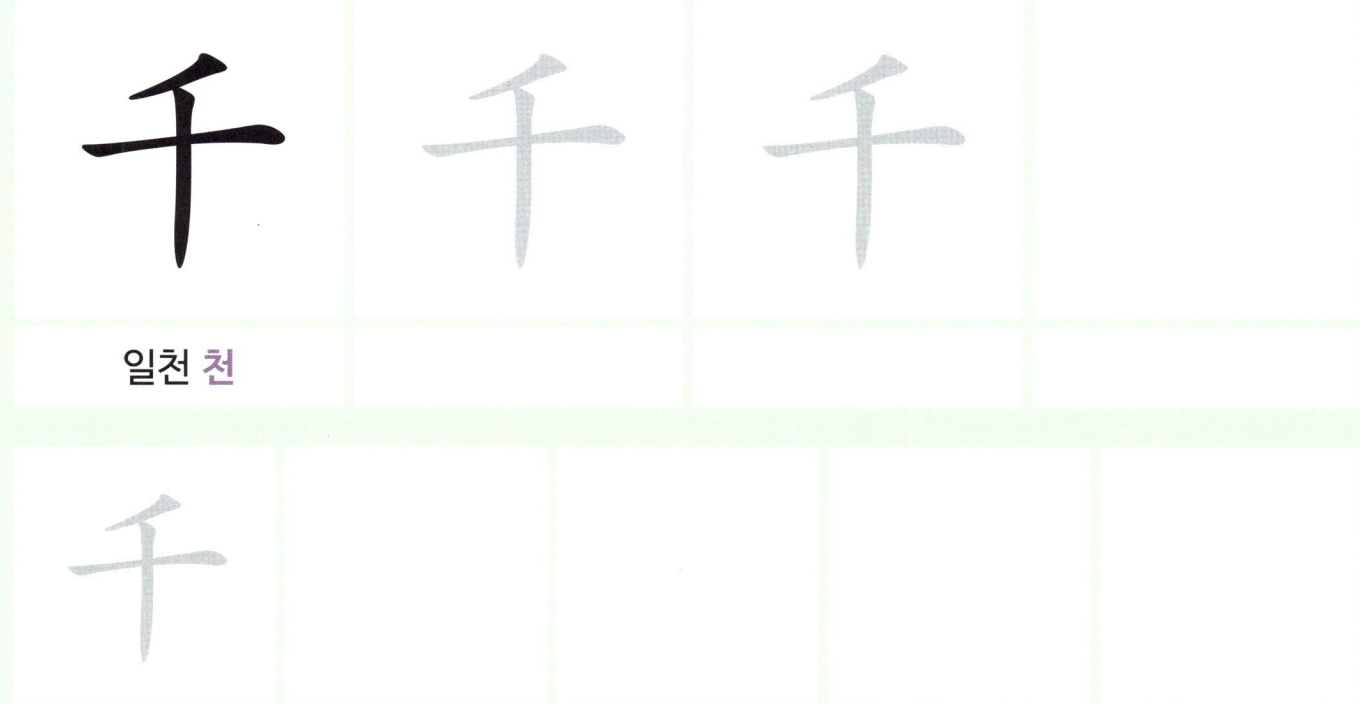

일천 **천**

千金(천금) 많은 돈, 비싼 값
千軍(천군) 많은 군사

 한자의 뜻과 음을 말하면서 순서에 맞게 써보세요.

일만 **만**

**뜻풀이** 10,000, 다수, 여러

**총획수** 13획

**부수** ⺾ 4횔

一 十 艹 艹 芢 节 苩 莒 萬 萬 萬 萬

일만 **만**

五萬 (오만) 여러 가지
百萬 (백만) 1,000,000, 만의 백 배

# 익히기 1

➡ 알맞은 한자를 찾아 연결하고, 따라 쓰세요.

➡ 빈칸에 알맞은 한자 음을 쓰세요.

- 四 ☐ 촌
- 百 ☐ 일
- 七十 ☐☐ 개
- 五千 ☐☐ 년

자연·시간

| 日 | 月 | 火 | 水 |
|---|---|---|---|
| | 木 | 金 | 土 |
| 年 | 午 | 夕 | 天 |
| 山 | 川 | 江 | 石 |

 **한자의 뜻과 음을 말하면서 순서에 맞게 써보세요.**

### 날 일

**뜻풀이** 날, 해, 낮

**총획수** 4획

**부수** 日 4획

丨 冂 冃 日

날 일

七 日 (칠일) 7일째 날, 일곱 날
日 月 (일월) 해와 달

 한자의 뜻과 음을 말하면서 순서에 맞게 써보세요.

 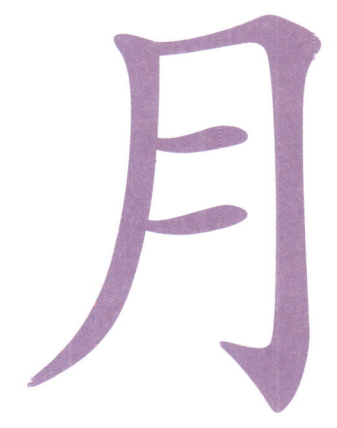

**달 월**

- 뜻풀이 : 달, 한 달
- 총획수 : 4획
- 부수 : 月 4획

丿 刀 月 月

달 월

五月 (오월) 일 년 중 다섯 번째 달
生年月日 (생년월일) 태어난 해와 달과 날

 **한자의 뜻과 음을 말하면서 순서에 맞게 써보세요.**

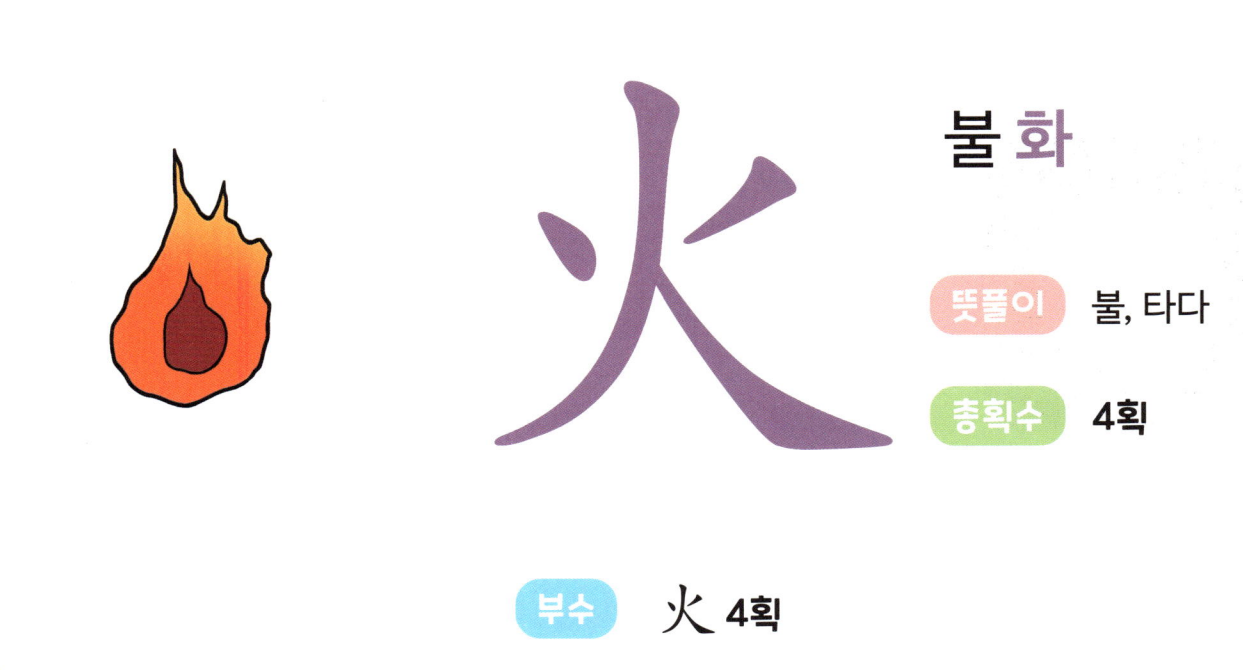

불 화

뜻풀이: 불, 타다
총획수: 4획
부수: 火 4획

丶 丷 ヅ 火

불 화

火山 (화산) 마그마가 뿜어 나와 생긴 산
火木 (화목) 불 때는 데 쓰는 나무

 **한자의 뜻과 음을 말하면서 순서에 맞게 써보세요.**

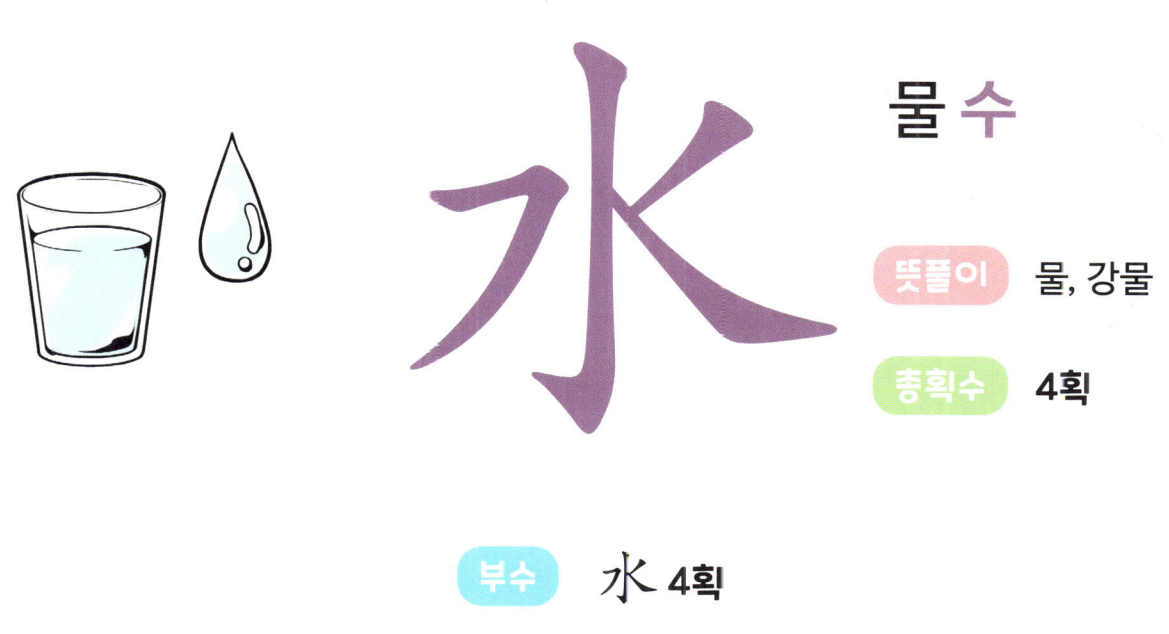

물 수

뜻풀이 물, 강물

총획수 4획

부수 水 4획

丨 亅 水 水

물 수

水上(수상) 물 위
生水(생수) 샘에서 솟아 나오는 자연 그대로의 물

 한자의 뜻과 음을 말하면서 순서에 맞게 써보세요.

나무 목

뜻풀이 나무, 목재

총획수 4획

부수 木 4획

一 十 才 木

나무 목

木

土木 (토목) 철재, 목재를 이용한 공사
木工 (목공) 나무로 물건을 만드는 일

 **한자의 뜻과 음을 말하면서 순서에 맞게 써보세요.**

쇠 금/
성 김

**뜻풀이** 금속, 철, 금, 돈, 김씨
**총획수** 8획

**부수** 金 8획

ノ 人 人 仐 仐 全 金 金

쇠 금/성 김

白金(백금) 은박색의 귀금속
金氏(김씨) 우리나라 성(姓)의 하나

33

 **한자의 뜻과 음을 말하면서 순서에 맞게 써보세요.**

흙 토

- 뜻풀이: 흙, 땅
- 총획수: 3획
- 부수: 土 3획

一 十 土

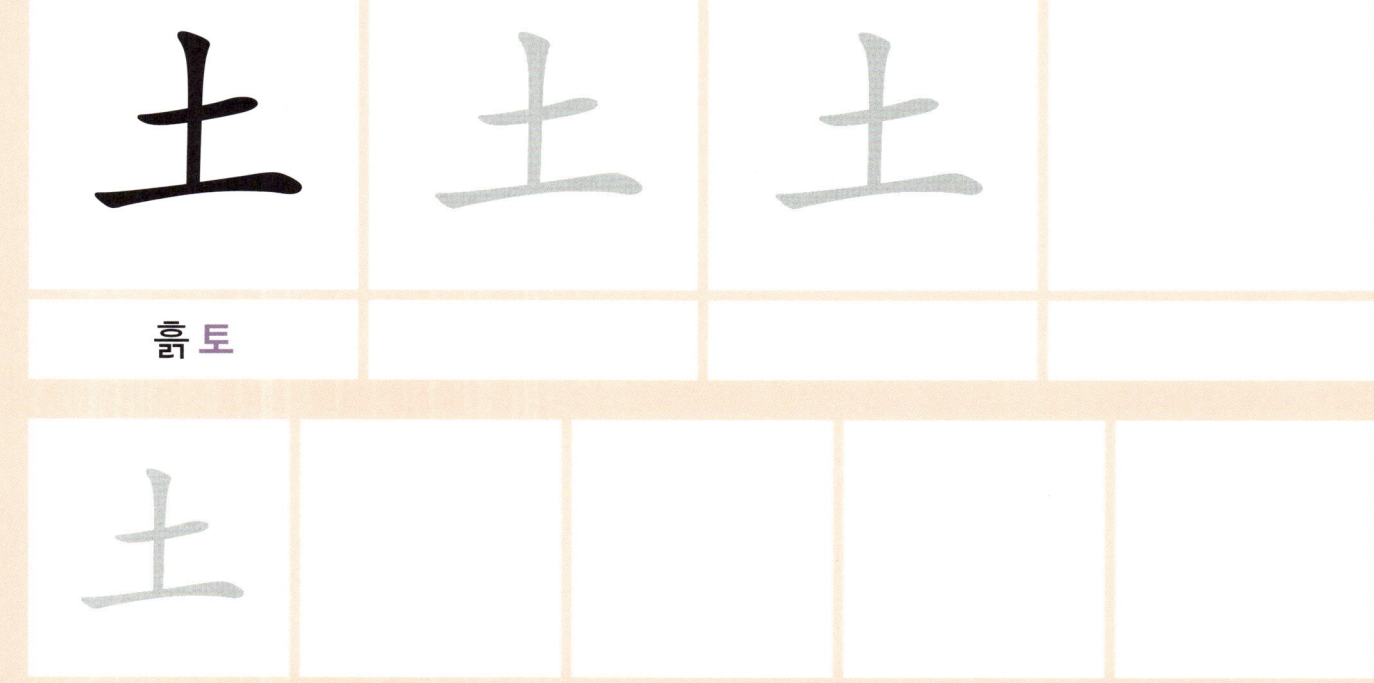

흙 토

出土 (출토) 땅속 물건이 밖으로 나옴
土地 (토지) 사람이 생활하고 이용하는 땅

 **한자의 뜻과 음을 말하면서 순서에 맞게 써보세요.**

年

해 년

**뜻풀이** 연수를 나타내는 단위

**총획수** 6획

**부수** 干 3획

丿 丶 ㅗ ㅏ 느 年

年  年  年

해 년

年

年中 (연중) 한 해 동안
千萬年 (천만년) 아주 오랜 세월

**한자의 뜻과 음을 말하면서 순서에 맞게 써보세요.**

낮 오

뜻풀이 낮

총획수 4획

부수 十 2획

丿 𠂉 ⺉ 午

낮 오

正午(정오) 낮 12시
午前(오전) 해가 뜰 때부터 낮 12시까지의 시간

 **한자의 뜻과 음을 말하면서 순서에 맞게 써보세요.**

저녁 **석**

뜻풀이: 저녁, 밤
총획수: 3획
부수: 夕 3획

丿 ク 夕

저녁 **석**

一夕 (일석) 하루 저녁, 어느 저녁
夕日 (석일) 해가 질 무렵의 햇빛

 **한자의 뜻과 음을 말하면서 순서에 맞게 써보세요.**

天

하늘 천

- 뜻풀이: 하늘, 하느님
- 총획수: 4획
- 부수: 大 3획

一 二 チ 天

하늘 천

天下 (천하) 하늘 아래
天生 (천생) 하늘로부터 타고남

# 한자의 뜻과 음을 말하면서 순서에 맞게 써보세요.

메 산

뜻풀이 산

총획수 3획

부수 山 3획

丨 凵 山

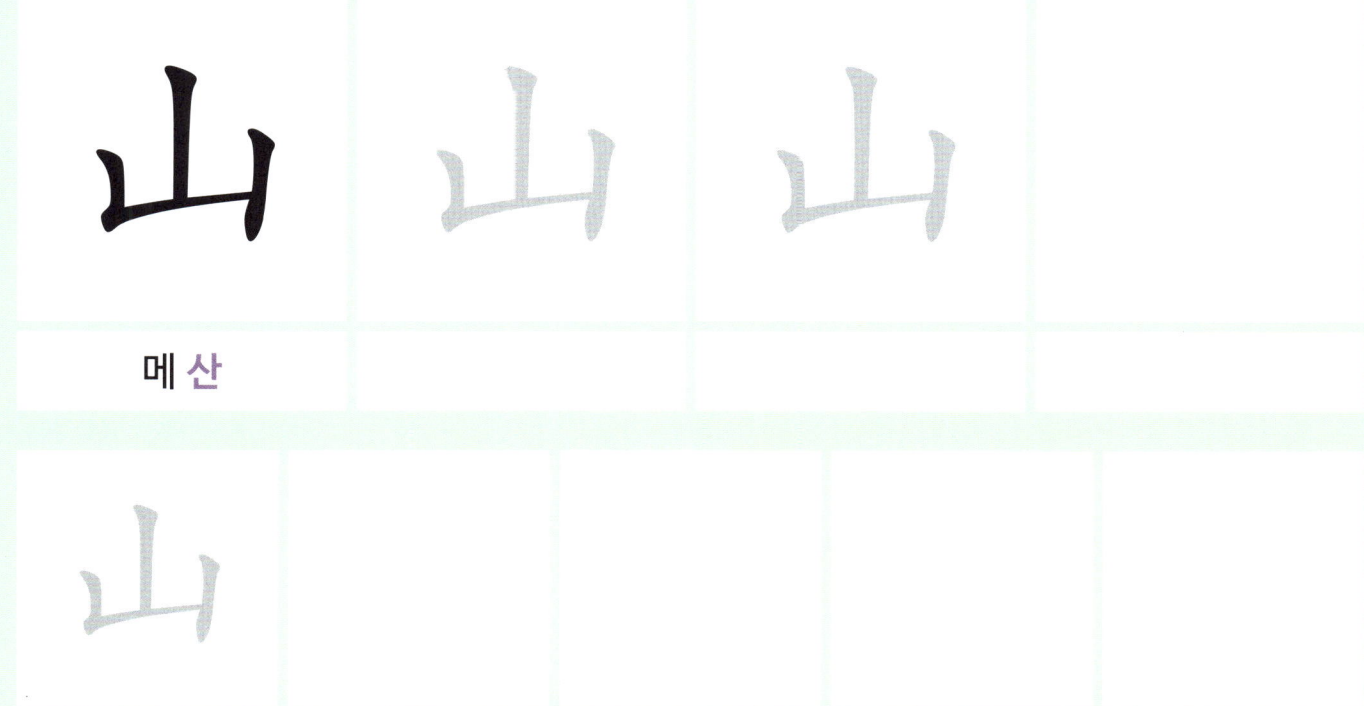

메 산

山水 (산수) 산과 강
山中 (산중) 산속

# 한자의 뜻과 음을 말하면서 순서에 맞게 써보세요.

川 **내 천**

뜻풀이 냇물

총획수 3획

부수 川 3획

ノ 川 川

내 천

大川 (대천) 큰 내, 이름난 내
山川 (산천) 산과 내, 자연

**한자의 뜻과 음을 말하면서 순서에 맞게 써보세요.**

강 강

뜻풀이 강
총획수 6획

부수 氵 3획

江山 (강산) 강과 산, 경치, 영토
江南 (강남) 강의 남쪽, 서울에서 한강 아래 지역

 **한자의 뜻과 음을 말하면서 순서에 맞게 써보세요.**

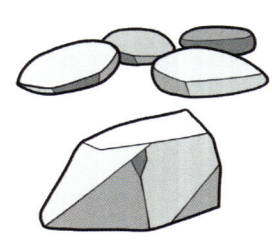 

돌 석

뜻풀이 돌

총획수 5획

부수 石 5획

一 ア ズ 石 石

| 石 | 石 | 石 | |
|---|---|---|---|
| 돌 석 | | | |
| 石 | | | | |

石門 (석문) 돌로 만든 문
石手 (석수) 돌을 다루어 물건을 만드는 사람

## 익히기 2

➡ 알맞은 한자를 찾아 연결하고, 따라 쓰세요.

➡ 빈칸에 알맞은 한자 음을 쓰세요.

- 金 ☐ 요일
- 백두山 ☐ 과 한라山 ☐
- 한江 ☐
- 2030年 ☐ 1月 ☐ 1日 ☐

## 위치·크기·색깔

| 上 | 下 | 左 | 右 |
|---|---|---|---|
|   | 外 | 內 |   |
| 東 | 西 | 南 | 北 |
|   | 大 | 中 | 小 |
| 色 | 白 | 黑 | 青 |

 **한자의 뜻과 음을 말하면서 순서에 맞게 써보세요.**

윗 상

뜻풀이 위, 높은

총획수 3획

부수 一 1획

丨 卜 上

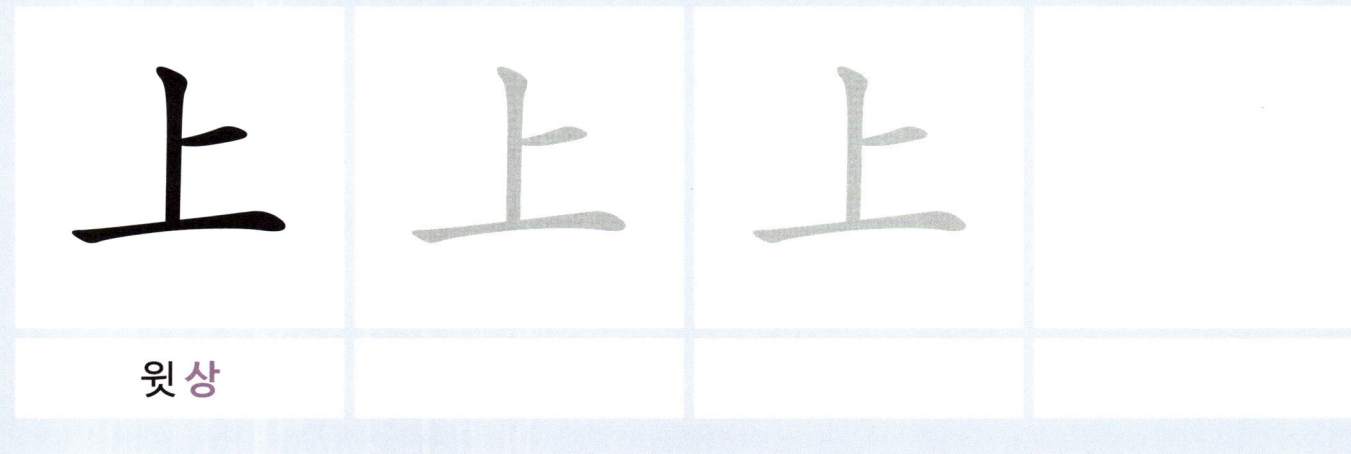

윗 상

上下 (상하) 위아래
年上 (연상) 자기보다 나이가 많음, 또는 그런 사람

# 한자의 뜻과 음을 말하면서 순서에 맞게 써보세요.

## 아래 하

- **뜻풀이**: 아래, 낮은
- **총획수**: 3획
- **부수**: 一 1획

一 丅 下

아래 하

下山 (하산) 산에서 내려감
手下 (수하) 자기보다 나이나 지위가 아래인 사람

**한자의 뜻과 음을 말하면서 순서에 맞게 써보세요.**

왼 **좌**

뜻풀이 왼쪽

총획수 5획

부수 工 3획

一 ナ ナ 左 左

왼 **좌**

左手(**좌**수) 왼쪽 손
左心室(**좌**심실) 심장의 왼쪽 아래에 있는 방

 **한자의 뜻과 음을 말하면서 순서에 맞게 써보세요.**

# 右

오를/오른(쪽) **우**

**뜻풀이** 오른쪽

**총획수** 5획

**부수** 口 3획

ノ ナ オ 右 右

오를/오른(쪽) **우**

左右 (좌우) 왼쪽과 오른쪽, 어떤 일에 영향을 줌
上下左右 (상하좌우) 위, 아래, 왼쪽, 오른쪽을 아우르는 말

49

**한자의 뜻과 음을 말하면서 순서에 맞게 써보세요.**

바깥 외

뜻풀이 바깥, 밖

총획수 5획

부수 夕 3획

丿 ク 夕 夘 外

바깥 외

外國 (외국) 다른 나라
室外 (실외) 방이나 건물의 밖

 **한자의 뜻과 음을 말하면서 순서에 맞게 써보세요.**

안 내

뜻풀이 안, 내부

총획수 4획

부수 入 2획

丨 冂 内 內

內

안 내

內

年內 (연내) 올해 안
校內 (교내) 학교의 안, 내부

51

## 한자의 뜻과 음을 말하면서 순서에 맞게 써보세요.

동녘 **동**

**뜻풀이** 동쪽
**총획수** 8획
**부수** 木 4획

一 丆 ㄇ ㅂ 百 申 東 東

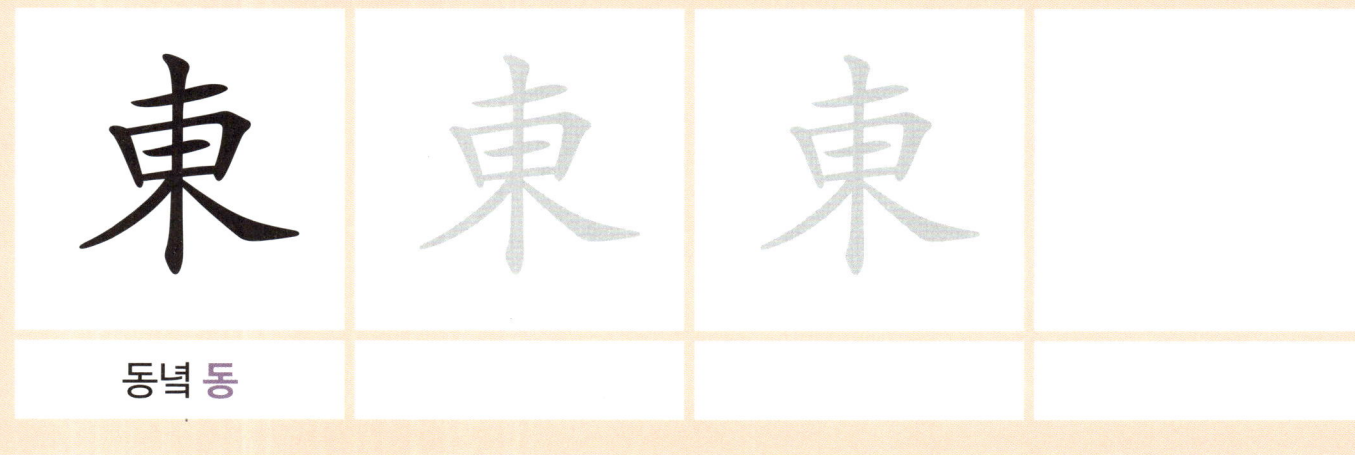

동녘 **동**

中東(중동) 동양의 가운데 지역, 서아시아 일대
東大門(동대문) 동쪽에 있는 큰 문

 **한자의 뜻과 음을 말하면서 순서에 맞게 써보세요.**

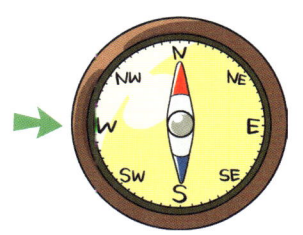 西

**서녘 서**

- 뜻풀이: 서쪽, 서양(유럽과 북아메리카)
- 총획수: 6획
- 부수: 襾 6획

一 丆 冂 襾 西 西

 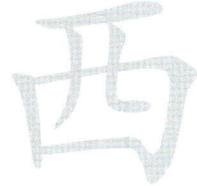 

서녘 서

西山 (서산) 서쪽에 있는 산
西學 (서학) 서양의 학문

 **한자의 뜻과 음을 말하면서 순서에 맞게 써보세요.**

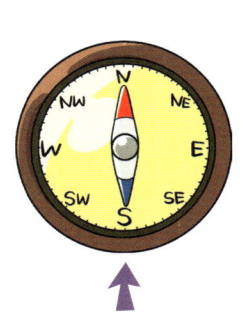

남녘 남

- 뜻풀이 : 남쪽
- 총획수 : 9획
- 부수 : 十 2획

一 十 卉 内 内 南 南 南 南

| 南 | 南 | 南 |
|---|---|---|
| 남녘 남 | | |

南下 (남하) 남쪽으로 향하여 내려옴
東南 (동남) 동쪽과 남쪽의 중간 방위

 **한자의 뜻과 음을 말하면서 순서에 맞게 써보세요.**

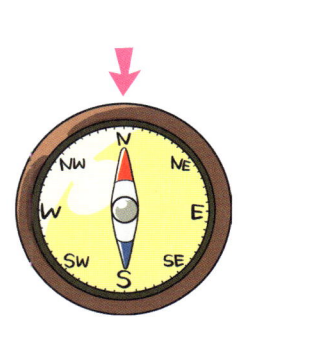

# 北

**북녘 북/달아날 배**

- 뜻풀이: 북쪽, 달아나다
- 총획수: 5획
- 부수: 匕 2획

一 ㅓ ㅓ 非 北

北

북녘 북/달아날 배

北

北門 (북문) 북쪽에 있는 문
敗北 (패배) 싸움에 져서 도망감

**한자의 뜻과 음을 말하면서 순서에 맞게 써보세요.**

큰 대

뜻풀이: 크다, 많다, 훌륭하다
총획수: 3획
부수: 大 3획

一 ナ 大

큰 대

大人 (대인) 성년이 된 사람, 어른
大왕 (대왕) 훌륭하고 뛰어난 임금

 **한자의 뜻과 음을 말하면서 순서에 맞게 써보세요.**

## 가운데 중

- **뜻풀이**: 가운데, 내부, 계속하는 과정
- **총획수**: 4획
- **부수**: | 1획

丨 冂 口 中

가운데 중

中天 (중천) 하늘 한복판
水中 (수중) 물속

 **한자의 뜻과 음을 말하면서 순서에 맞게 써보세요.**

작을 **소**

**뜻풀이** 작다, 어리다

**총획수** 3획

**부수** 小 3획

丿 小 小

작을 **소**

大 小 (대소) 크고 작은 것
小 國 (소국) 작은 나라

**한자의 뜻과 음을 말하면서 순서에 맞게 써보세요.**

빛 **색**

- 뜻풀이: 빛, 색깔
- 총획수: 6획
- 부수: 色 6획

빛 색

五色 (오색) 여러 가지 빛깔
白色 (백색) 흰색

 **한자의 뜻과 음을 말하면서 순서에 맞게 써보세요.**

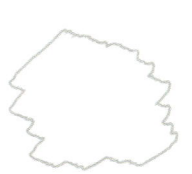

白

흰 **백**

뜻풀이 희다, 밝다

총획수 5획

부수 白 5획

ᅟ白 白 白 白

| 白 | 白 | 白 | |
|---|---|---|---|
| 흰 백 | | | |

| 白 | | | | |
|---|---|---|---|---|

黑白 (흑백) 검은색과 흰색, 옳고 그름
青天白日 (청천백일) 환하게 밝은 대낮

 **한자의 뜻과 음을 말하면서 순서에 맞게 써보세요.**

# 黑

검을 흑

**뜻풀이** 검다, 어둡다, 나쁘다

**총획수** 12획

**부수** 黑 12획

丨 冂 冂 冂 冂 黑 甲 里 黒 黒 黑 黑

검을 흑

黑土(흑토) 검은 흙, 검은 갈색의 기름진 토양
黑心(흑심) 흉하고 올바르지 않은 마음

**한자의 뜻과 음을 말하면서 순서에 맞게 써보세요.**

푸를 청

- 뜻풀이: 푸르다, 젊다
- 총획수: 8획
- 부수: 靑 8획

一 二 丰 声 青 青 青 青

青 (푸를 청)

青天 (청천) 푸른 하늘
青少年 (청소년) 10대 후반 젊은이

## 익히기 3

→ 알맞은 한자를 찾아 연결하고, 따라 쓰세요.

→ 빈칸에 알맞은 한자 음을 쓰세요.

- 大 ☐ 한민국
- 야 外 ☐ 놀이터
- 左 ☐ 측과 右 ☐ 측
- 北 ☐ 극과 南 ☐ 극

사람·가족

人 手 足

目 耳 口 心

男 子 女

父 母 兄 弟

寸 長 少

**한자의 뜻과 음을 말하면서 순서에 맞게 써보세요.**

사람 인

뜻풀이: 사람
총획수: 2획
부수: 人 2획

ノ 人

사람 인

人生 (인생) 사람이 살아가는 일
萬人 (만인) 매우 많은 사람

**한자의 뜻과 음을 말하면서 순서에 맞게 써보세요.**

손 수

뜻풀이  손, 수단, 사람

총획수  4획

부수  手 4획

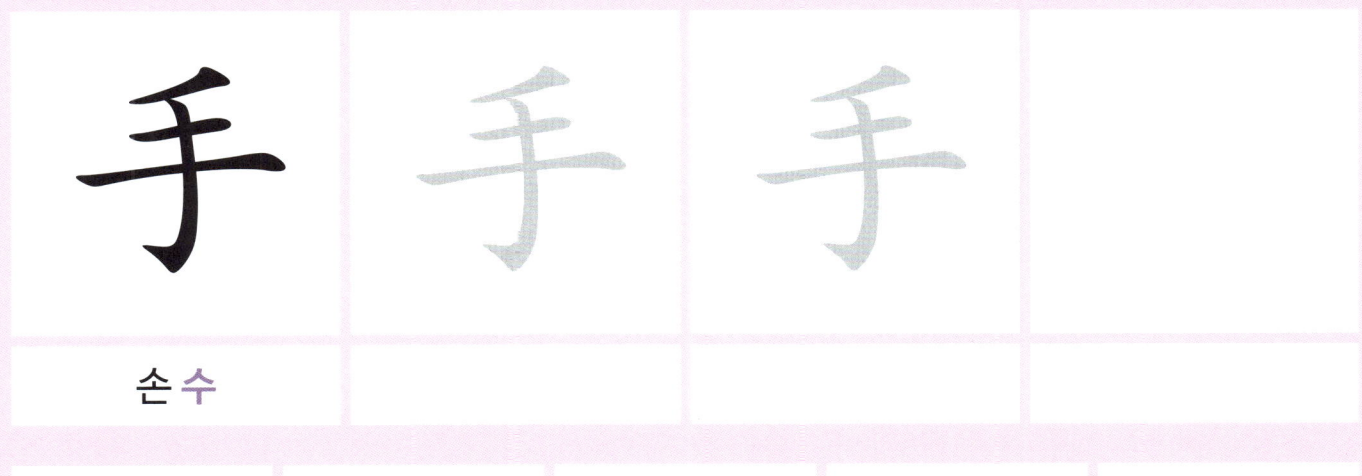

손 수

手中 (수중) 손 안, 자기 소유나 세력
木手 (목수) 나무를 이용해 물건을 만드는 사람

한자의 뜻과 음을 말하면서 순서에 맞게 써보세요.

발 족

- 뜻풀이: 발, 충분하다
- 총획수: 7획
- 부수: 足 7획

ㅣ ㄱ ㄲ ㅁ 묘 足 足

발 족

手足 (수족) 손과 발, 손발처럼 부리는 사람
自足 (자족) 스스로 만족함

 **한자의 뜻과 음을 말하면서 순서에 맞게 써보세요.**

目

눈 목

**뜻풀이** 눈, 보다
**총획수** 5획

**부수** 目 5획

丨 冂 冂 冃 目

目 目 目

눈 목

目

目下 (목하) 눈 아래, 금방
一目 (일목) 한쪽 눈, 한 번 봄

## 한자의 뜻과 음을 말하면서 순서에 맞게 써보세요.

耳

귀 이

뜻풀이 귀
총획수 6획
부수 耳 6획

一 丁 T 下 F 耳

耳目 (이목) 귀와 눈, 남들의 주의
耳目口鼻 (이목구비) 귀, 눈, 입, 코로 본 얼굴 생김새

 **한자의 뜻과 음을 말하면서 순서에 맞게 써보세요.**

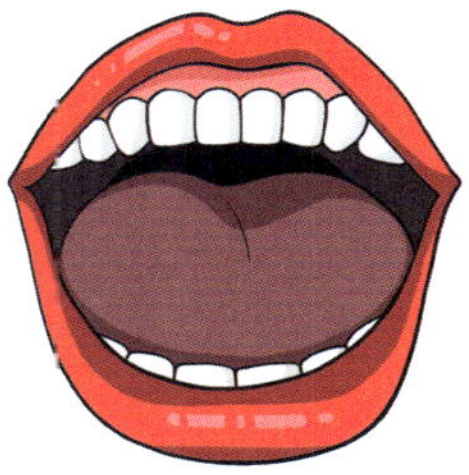

# 입 구

- **뜻풀이** 입, 문, 구멍, 사람 세는 단위
- **총획수** 3획
- **부수** 口 3획

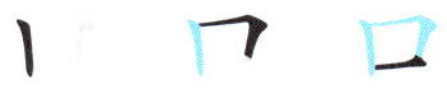

｜ 冂 口

입 구

人口 (인구) 한 지역 안에 사는 사람 수
出口 (출구) 나가는 문, 길

 **한자의 뜻과 음을 말하면서 순서에 맞게 써보세요.**

마음 심

뜻풀이 마음, 한가운데
총획수 4획

부수 心 4획

마음 심

民心 (민심) 국민의 마음
中心 (중심) 중요한 기본이 되는 부분

 **한자의 뜻과 음을 말하면서 순서에 맞게 써보세요.**

# 男
**사내 남**

- **뜻풀이**: 남자, 아들
- **총획수**: 7획
- **부수**: 田 5획

| 男 | 男 | 男 | | |
|---|---|---|---|---|
| 사내 남 | | | | |
| 男 | | | | |

男女 (남녀) 남자와 여자
長男 (장남) 큰아들

**한자의 뜻과 음을 말하면서 순서에 맞게 써보세요.**

아들 **자**

- 뜻풀이: 아들, 남자, 사람
- 총획수: 3획
- 부수: 子 3획

了 了 子

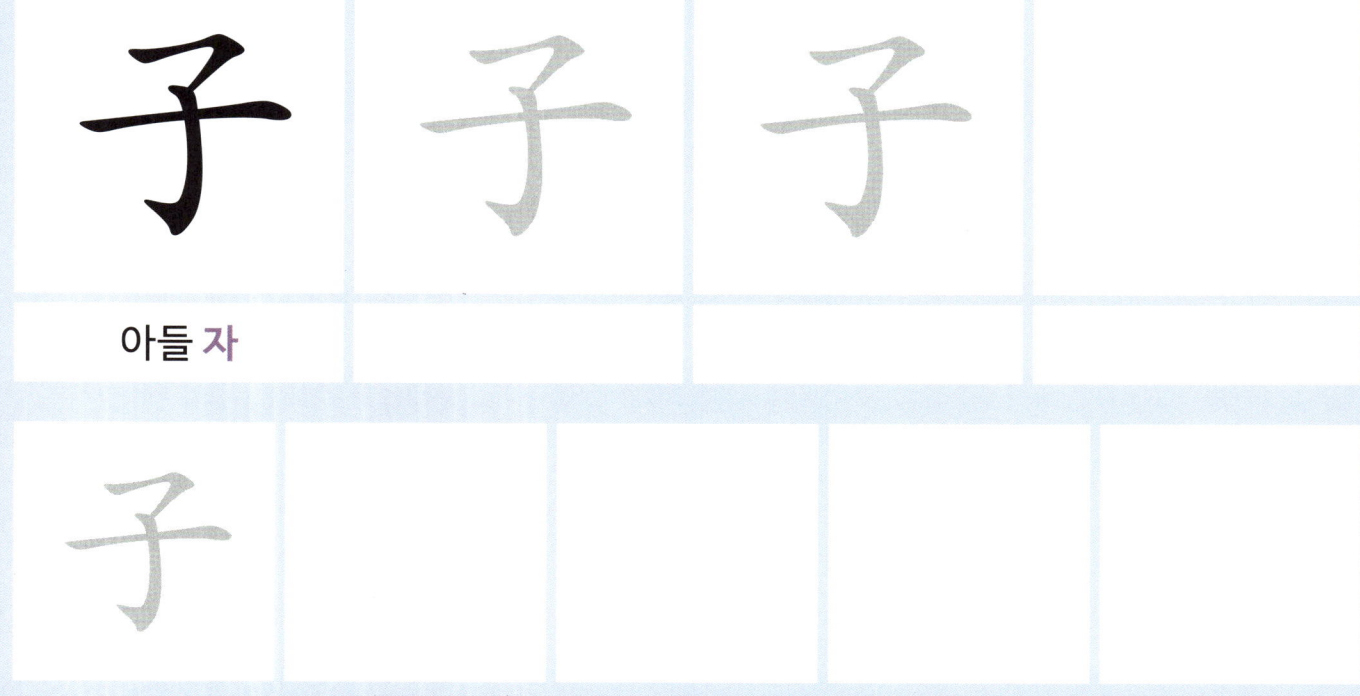

아들 **자**

王子(왕자) 임금의 아들
男子(남자) 남성으로 태어난 사람

## 한자의 뜻과 음을 말하면서 순서에 맞게 써보세요.

**계집 녀**

- 뜻풀이: 여자, 딸
- 총획수: 3획
- 부수: 女 3획

ㄑ ㄨ 女

계집 녀

少女 (소녀) 어린 여자아이
母女 (모녀) 어머니와 딸

 **한자의 뜻과 음을 말하면서 순서에 맞게 써보세요.**

아비 부

뜻풀이: 아버지
총획수: 4획
부수: 父 4획

丶 ハ 刀 父

아비 부

父子 (부자) 아버지와 아들
生父 (생부) 자기를 낳은 아버지

**한자의 뜻과 음을 말하면서 순서에 맞게 써보세요.**

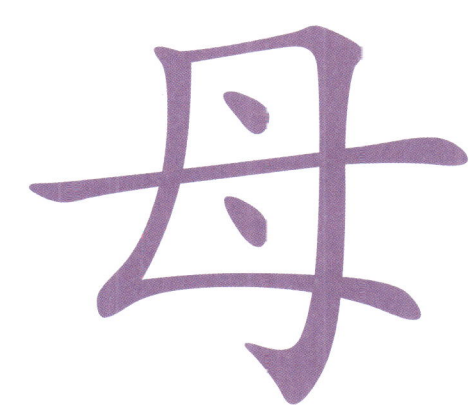

어미 모

- 뜻풀이: 어머니, 근원
- 총획수: 5획
- 부수: 母 4획

㇐ 乃 母 母 母

어미 모

父母 (부모) 아버지와 어머니
母國 (모국) 자기가 태어난 나라

77

 **한자의 뜻과 음을 말하면서 순서에 맞게 써보세요.**

형 형

- 뜻풀이: 형, 맏이
- 총획수: 5획
- 부수: 儿 2획

口 兄 口 兄 兄

형 형

兄夫 (형부) 언니의 남편
學父兄 (학부형) 학생의 아버지나 형, 학생의 보호자

## 한자의 뜻과 음을 말하면서 순서에 맞게 써보세요.

아우 제

- **뜻풀이** 아우, 제자
- **총획수** 7획
- **부수** 弓 3획

아우 제

兄弟 (형제) 형과 아우
弟子 (제자) 가르침을 받는 사람

**한자의 뜻과 음을 말하면서 순서에 맞게 써보세요.**

一 丁 寸

四寸 (사촌) 부모의 형제자매의 자녀를 촌수로 따져 부르는 말
寸土 (촌토) 얼마 되지 않는 좁은 논밭

 **한자의 뜻과 음을 말하면서 순서에 맞게 써보세요.**

 長 긴 장

- **뜻풀이** 길다, 어른
- **총획수** 8획
- **부수** 長 8획

긴 장

長女 (장녀) 큰딸, 맏딸
長生 (장생) 오래 삶

**한자의 뜻과 음을 말하면서 순서에 맞게 써보세요.**

적을 **소**

- 뜻풀이: 적다, 조금, 젊다
- 총획수: 4획
- 부수: 小 3획

丨 丿 小 少

적을 **소**

多 少 (다소) 적지만 어느 정도로
少 年 (소년) 젊은 나이, 어린 사내아이

## 익히기 4

→ 알맞은 한자를 찾아 연결하고, 따라 쓰세요.

→ 빈칸에 알맞은 한자 음을 쓰세요.

- 耳☐ 비인후과
- 外三寸☐☐☐
- 男子☐☐ 화장실
- 서울시長☐

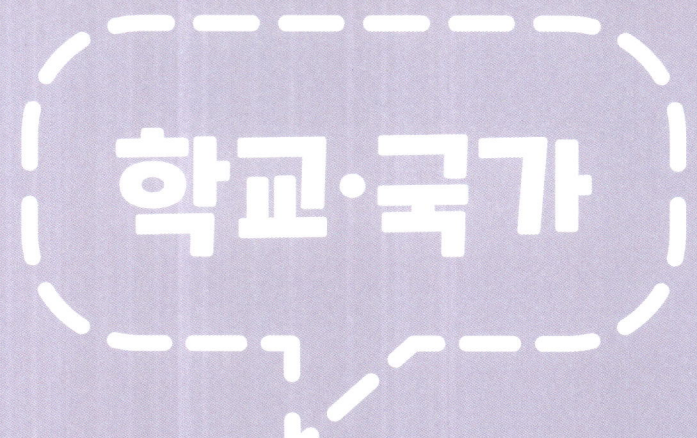

| | | | |
|---|---|---|---|
| 先 | 生 | 學 | 校 |
| 教 | 室 | 門 | |
| 家 | 民 | 王 | |
| 軍 | 國 | 韓 | |

 **한자의 뜻과 음을 말하면서 순서에 맞게 써보세요.**

# 先

**먼저 선**

- 뜻풀이: 먼저, 우선, 앞, 조상
- 총획수: 6획
- 부수: 儿 2획

丿 ㅗ 屮 生 先 先

先 먼저 선

先

先生 (선생) 가르치는 사람
先山 (선산) 조상의 무덤이 있는 산

## 한자의 뜻과 음을 말하면서 순서에 맞게 써보세요.

날 **생**

**뜻풀이** 태어나다, 낳다, 사람

**총획수** 5획

**부수** 生 5획

丿 ㅏ ㅓ 生 生

날 **생**

生日 (생일) 태어난 날
生母 (생모) 자기를 낳은 어머니

## 한자의 뜻과 음을 말하면서 순서에 맞게 써보세요.

배울 **학**

**뜻풀이** 배우다, 학문

**총획수** 16획

**부수** 子 3획

` 丨 F F¹ F² F³ 臼 臼 臼¹ 臼² 魯 魯 學 學 學 學

學   學   學

배울 **학**

學

學 生 (학생) 배우는 사람
學 年 (학년) 1년 단위의 학교 학습 기간

**한자의 뜻과 음을 말하면서 순서에 맞게 써보세요.**

校

학교 교

- 뜻풀이: 학교, 가르치다
- 총획수: 10획
- 부수: 木 4획

校 校 校

학교 교

學校 (학교) 배움을 실시하는 기관
校長 (교장) 학교에서 최고의 직위 또는 그 직위에 있는 사람

89

**한자의 뜻과 음을 말하면서 순서에 맞게 써보세요.**

가르칠 교

뜻풀이 가르치다, 종교

총획수 11획

부수 攵 4획

丿 𠂉 圥 耂 孝 孝 孝 教 教 教

教

가르칠 교

教

教室 (교실) 학생들이 수업받는 방
教人 (교인) 종교를 가진 사람

 **한자의 뜻과 음을 말하면서 순서에 맞게 써보세요.**

집 실

**뜻풀이** 집, 건물, 방, 가족

**총획수** 9획

**부수** 宀 3획

丶 丶 宀 宀 宀 宊 宊 室 室

집 실

室內 (실내) 건물 안
王室 (왕실) 왕의 집안

91

 **한자의 뜻과 음을 말하면서 순서에 맞게 써보세요.**

 문 문

- 뜻풀이: 문, 집안
- 총획수: 8획
- 부수: 門 8획

丨 冂 冂 冃 門 門 門 門

| 門 | 門 | 門 | |
|---|---|---|---|
| 문 문 | | | |

| 門 | | | | |
|---|---|---|---|---|

校門 (교문) 학교의 출입문
門中 (문중) 성과 본이 같은 가까운 집안

**한자의 뜻과 음을 말하면서 순서에 맞게 써보세요.**

# 家

집 가

- **뜻풀이** 집, 가족
- **총획수** 10획
- **부수** 宀 3획

집 가

國家 (국가) 영토, 국민, 주권을 가진 집단
家門 (가문) 가족 집안

93

 **한자의 뜻과 음을 말하면서 순서에 맞게 써보세요.**

 民

**백성 민**

- 뜻풀이: 백성, 국민
- 총획수: 5획
- 부수: 氏 4획

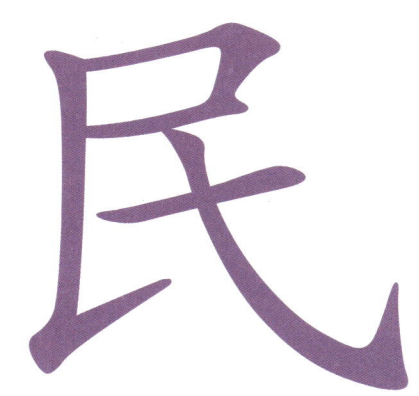

民 民 民 民

**백성 민**

民生(민생) 국민의 생활
萬民(만민) 모든 국민

 **한자의 뜻과 음을 말하면서 순서에 맞게 써보세요.**

임금 **왕**

- 뜻풀이: 왕, 임금
- 총획수: 4획

부수  王 4획

一 = 干 王

임금 **왕**

王子(왕자) 왕의 아들
大王(대왕) 훌륭한 왕

 **한자의 뜻과 음을 말하면서 순서에 맞게 써보세요.**

군사 **군**

뜻풀이 　군사, 군대

총획수 　9획

부수 　車 7획

`ᅟ軍 ᅟ軍 冖 冖 冒 宣 軍`

| 軍 | 軍 | 軍 | |
|---|---|---|---|
| 군사 군 | | | |

| 軍 | | | | |
|---|---|---|---|---|

軍人(군인) 군대에 복무하는 사람
國軍(국군) 나라의 군인

 **한자의 뜻과 음을 말하면서 순서에 맞게 써보세요.**

 國

나라 **국**

뜻풀이 나라

총획수 **11획**

부수 囗 3획

丨 冂 冂 冃 冃 冃 囗 或 或 國 國

國

나라 **국**

國

國土 (국토) 나라의 땅
國民 (국민) 한 나라의 통치 하에 있는 사람

97

 **한자의 뜻과 음을 말하면서 순서에 맞게 써보세요.**

한국/나라 **한**

**뜻풀이** 대한민국, 춘추전국시대의 나라 이름

**총획수** 17획

**부수** 韋 9획

一 十 十 古 古 古 卓 卓 朝 朝 朝 韓 韓 韓 韓 韓

韓

한국/나라 **한**

韓國人 (한국인) 한국 국적을 가진 사람
南韓 (남한) 대한민국의 휴전선 남쪽 지역

➡️ 알맞은 한자를 찾아 연결하고, 따라 쓰세요.

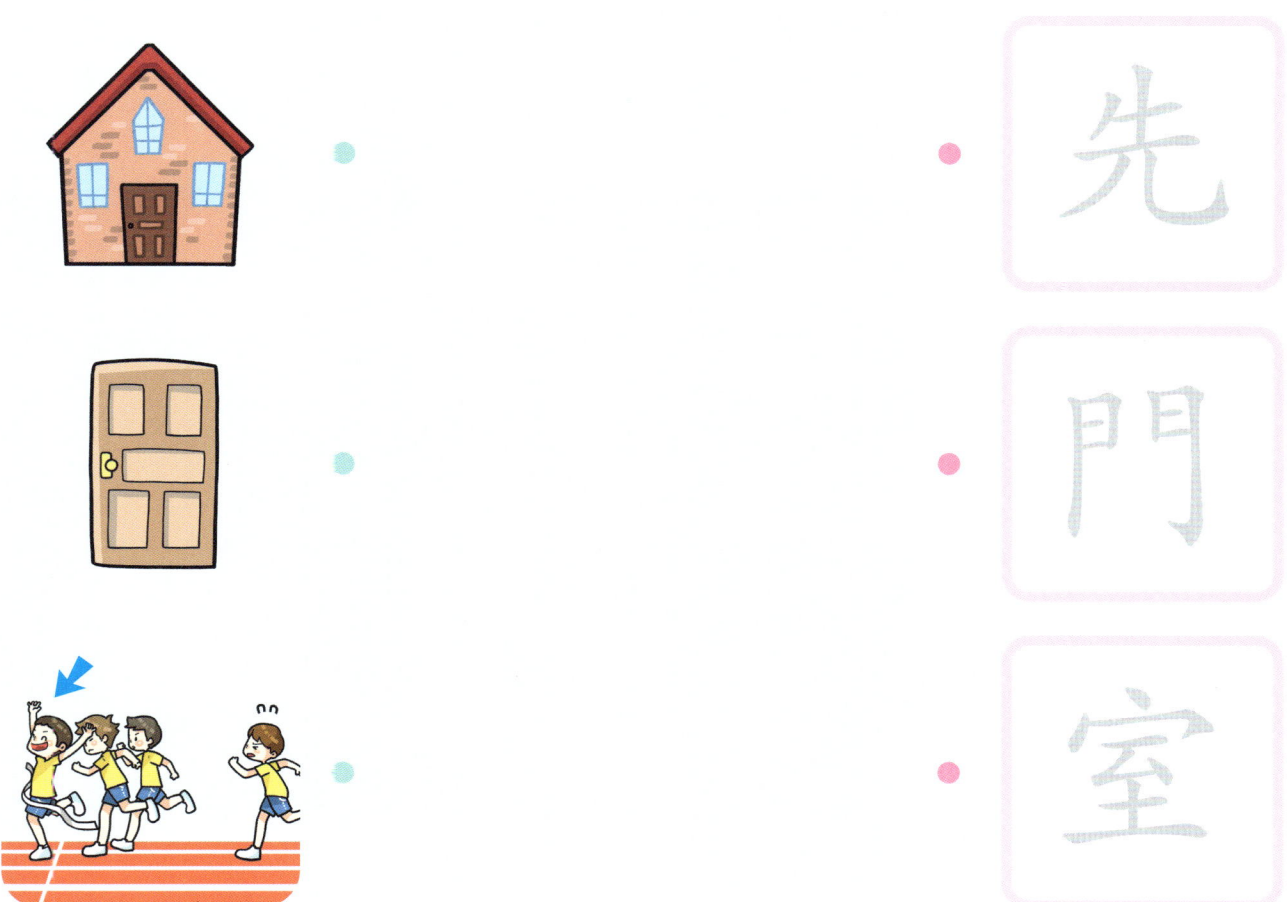

➡️ 빈칸에 알맞은 한자 음을 쓰세요.

- 學校 ☐☐ 운동장
- 세종 大王 ☐☐
- 육해공 軍 ☐
- 國家 ☐☐ 대표

## 쓰기 연습

| | 一 | 二 | 三 | 四 | 五 | 六 | 七 |
|---|---|---|---|---|---|---|---|
| 八 | 九 | 十 | 百 | 千 | 萬 | | 日 |
| 月 | 火 | 水 | 木 | 金 | 土 | 年 | 午 |
| 夕 | 天 | 山 | 川 | 江 | 石 | | 上 |
| 下 | 左 | 右 | 外 | 內 | 東 | 西 | 南 |

| 北 | 大 | 中 | 小 | 色 | 白 | 黑 | 青 |
|---|---|---|---|---|---|---|---|
|  |  |  |  |  |  |  |  |
|  | 人 | 手 | 足 | 目 | 耳 | 口 | 心 |
|  |  |  |  |  |  |  |  |
| 男 | 子 | 女 | 父 | 母 | 兄 | 弟 | 寸 |
|  |  |  |  |  |  |  |  |
| 長 | 少 |  | 先 | 生 | 學 | 校 | 教 |
|  |  |  |  |  |  |  |  |
| 室 | 門 | 家 | 民 | 王 | 軍 | 國 | 韓 |
|  |  |  |  |  |  |  |  |

# 찾아보기 음순

## ㄱ

페이지

| | | | |
|---|---|---|---|
| 집 | 가 | 家 | 93 |
| 강 | 강 | 江 | 41 |
| 가르칠 | 교 | 敎 | 90 |
| 학교 | 교 | 校 | 89 |
| 아홉 | 구 | 九 | 20 |
| 입 | 구 | 口 | 71 |
| 나라 | 국 | 國 | 97 |
| 군사 | 군 | 軍 | 96 |
| 쇠 | 금 | 金 | 33 |
| 성 | 김 | 金 | 33 |

## ㄴ

| | | | |
|---|---|---|---|
| 남녘 | 남 | 南 | 54 |
| 사내 | 남 | 男 | 73 |
| 안 | 내 | 內 | 51 |
| 계집 | 녀 | 女 | 75 |
| 해 | 년 | 年 | 35 |

## ㄷ

| | | | |
|---|---|---|---|
| 큰 | 대 | 大 | 56 |
| 동녘 | 동 | 東 | 52 |

## ㄹ

| | | | |
|---|---|---|---|
| 여섯 | 륙 | 六 | 17 |

## ㅁ

| | | | |
|---|---|---|---|
| 일만 | 만 | 萬 | 24 |
| 어미 | 모 | 母 | 77 |
| 나무 | 목 | 木 | 32 |
| 눈 | 목 | 目 | 69 |
| 문 | 문 | 門 | 92 |
| 백성 | 민 | 民 | 94 |

## ㅂ

| | | | |
|---|---|---|---|
| 달아날 | 배 | 北 | 55 |
| 일백 | 백 | 百 | 22 |
| 흰 | 백 | 白 | 60 |
| 아비 | 부 | 父 | 76 |
| 북녘 | 북 | 北 | 55 |

## ㅅ

| | | | |
|---|---|---|---|
| 넉 | 사 | 四 | 15 |
| 메 | 산 | 山 | 39 |
| 석 | 삼 | 三 | 14 |
| 윗 | 상 | 上 | 46 |
| 빛 | 색 | 色 | 59 |
| 날 | 생 | 生 | 87 |
| 서녘 | 서 | 西 | 53 |
| 돌 | 석 | 石 | 42 |
| 저녁 | 석 | 夕 | 37 |
| 먼저 | 선 | 先 | 86 |
| 작을 | 소 | 小 | 58 |
| 적을 | 소 | 少 | 82 |
| 물 | 수 | 水 | 31 |
| 손 | 수 | 手 | 67 |
| 집 | 실 | 室 | 91 |
| 마음 | 심 | 心 | 72 |
| 열 | 십 | 十 | 21 |

## ㅇ

| | | |
|---|---|---|
| 낮 | **오** 午 | 36 |
| 다섯 | **오** 五 | 16 |
| 임금 | **왕** 王 | 95 |
| 바깥 | **외** 外 | 50 |
| 오른(쪽) | **우** 右 | 49 |
| 오를 | **우** 右 | 49 |
| 달 | **월** 月 | 29 |
| 귀 | **이** 耳 | 70 |
| 두 | **이** 二 | 13 |
| 사람 | **인** 人 | 66 |
| 날 | **일** 日 | 28 |
| 한 | **일** 一 | 12 |

## ㅈ

| | | |
|---|---|---|
| 아들 | **자** 子 | 74 |
| 긴 | **장** 長 | 81 |
| 아우 | **제** 弟 | 79 |
| 발 | **족** 足 | 68 |
| 왼 | **좌** 左 | 48 |
| 가운데 | **중** 中 | 57 |

## ㅊ

| | | |
|---|---|---|
| 내 | **천** 川 | 40 |
| 일천 | **천** 千 | 23 |
| 하늘 | **천** 天 | 38 |
| 푸를 | **청** 靑 | 62 |
| 마디 | **촌** 寸 | 80 |
| 일곱 | **칠** 七 | 18 |

## ㅌ

| | | |
|---|---|---|
| 흙 | **토** 土 | 34 |

## ㅍ

| | | |
|---|---|---|
| 여덟 | **팔** 八 | 19 |

## ㅎ

| | | |
|---|---|---|
| 아래 | **하** 下 | 47 |
| 배울 | **학** 學 | 88 |
| 나라 | **한** 韓 | 98 |
| 한국 | **한** 韓 | 98 |
| 형 | **형** 兄 | 78 |
| 불 | **화** 火 | 30 |
| 검을 | **흑** 黑 | 61 |

 @languagebooks_official
 blog.naver.com/languagebook

# 하루하루
## 한자쓰기 〈 8급 기초 한자 〉

초판 2쇄 발행   2023년 2월 20일
초판 1쇄 발행   2022년 7월 10일

| | |
|---|---|
| **지은이** | 이지영 |
| **기획** | 김은경 |
| **편집** | J. Young |
| **디자인** | IndigoBlue |

| | | | |
|---|---|---|---|
| **발행인** | 조경아 | | |
| **발행처** | 랭귀지북스 | | |
| **주소** | 서울시 마포구 포은로2나길 31 벨라비스타 208호 | | |
| **전화** | 02.406.0047 | **팩스** | 02.406.0042 |
| **이메일** | languagebooks@hanmail.net | | |
| **등록번호** | 101-90-85278 | **등록일자** | 2008년 7월 10일 |
| **블로그** | blog.naver.com/languagebook | | |

| | |
|---|---|
| **ISBN** | 979-11-5635-185-6 (73700) |
| **값** | 10,000원 |

ⓒLanguagebooks, 2022

이 책은 저작권법에 따라 보호받는 저작물이므로 무단 전재와 무단 복제를 금지하며,
이 책 내용의 전부 또는 일부를 이용하려면 반드시 저작권자와 랭귀지북스의 서면 동의를 받아야 합니다.
잘못된 책은 구입처에서 바꿔 드립니다.